STEIDL

Claus Leggewie
Nachgetragenes Mitleid

Essays

Steidl

1. Auflage Februar 1991

Umschlaggestaltung: Gerhard Steidl
Satz, Druck, Bindung: Steidl, Göttingen
ISBN 3-88243-179-2

Inhalt

Zur Einleitung

Die politische Eiszeit ist vorbei. Der Kalte Krieg wurde in Europa mit geistigen Waffen ausgetragen. Auch wer in diesem Kulturkampf bloß mit Worten focht, fackelte meist nicht lange; die Attacke war nur verritten, wenn Beifall von der falschen Seite kam. Zwischentöne galten rasch als Mißklänge; verständige Rücksicht konnte kaum je genommen werden. Denn die »Bewältigung« der Vergangenheit war ganz von den gegenwärtigen Kämpfen diktiert. In Deutschland waren die Mauern besonders solide, die Grenzen zwischen den Guten und den Bösen extrascharf gezogen. Über Stalingrad, Bombennächte und Vertreibung konnte man nur reden, wenn es die Eigenen nicht entlastete; Täter und Mitläufer, die sich ja gern selbst exkulpierten, bedurften auch keiner weiteren Motivforschung mehr. Alles sprach für sich. Und wer im Reich des Guten selbst einen Fehltritt begangen hatte, nun ja ... tant pis. Wie Täter gelitten haben, wie aus Opfern Racheengel wurden, daß sich Täter und Opfer meistens nicht sauber ermitteln und säuberlich scheiden lassen – kein Thema.

Da ich auf Beifall nicht erpicht bin, habe ich keine Angst vor falschem. Um »Revision« geht es ohnehin nicht. Nicht unser geschichtliches Wissen über Nationalsozialismus und Stalinismus, Krieg und Vertreibung steht in Frage, aber die Wertungen, die wir darüber leichthin angegeben haben und die schwierigen Lehren, die daraus zu ziehen sind. Es ist Zeit für Nachträge, auch wenn die oft nur noch Postscripta auf Totenscheinen sein können. Der zweite Blick ist weniger kühl, aber radikal ernüchtert.

»Say No! to beggars«, heißt ein jüngstes amerikanisches Selbstbehauptungsprogramm gegen die peinlichen Ansprüche der bag ladies. Wer heutzutage mit vollen Tragetaschen einem elenden Bettler oder einer Stadtstreicherin über den Weg läuft, kommt moralisch nicht ganz ungeschoren davon. Nichts zu geben, ist hartherzig; doch wer gegeben hat, kommt sich ausgenommen vor. In Deutschland eröffnen keine »Restos du cœur«, wie das auf Initiative eines Fernsehkomikers in Frankreich geschehen ist; wir verweisen die Leute an zuständige Ämter, die universalistisch das Bundessozialhilfegesetz zur Anwendung bringen – und gehen schnell nach Hause. Die zurückgelassenen bag ladies symbolisieren nicht nur den Verlust von Haus & Heim, sondern in übertragener Hinsicht die Unlesbarkeit überkommener Codes der Gemeinschaftsbildung. Ein solcher Code war einmal das Mitleid (Sympatheia), ein prominenter, der Lebenswelt entnommener Topos der politischen Philosophie.

Andere solche Codes könnten heißen Vertrauen, Respekt, Empathie, Nächstenliebe – altmodisch klingende Hilfsbegriffe einer neuen, postmodernen Sittlichkeit. Eine solche rangiert unterhalb jeder grandiosen »apriorischen Diskursgemeinschaft« vernünftiger Wesen, ist aber kommunitär ohne den organizistischen Beigeschmack einer kuscheligen Seelenverwandtschaft. Sie entspringt kaum noch dem »authentischen« Selbstgefühl von vorentschiedenen Gruppen, sondern müßte sich gewissermaßen »emergent«, aus den rasch wechselnden Konstellationen situativer Moralgemeinschaften herausbilden.

Manche feiern jetzt ihren Sieg im Kalten Krieg. Nach dem Fall der Mauern soll mit Verführern und Irrenden kurzer Prozeß gemacht werden. Schon wieder: kein Pardon. Doch wie ficht es sich ohne Gegner? Man sieht sich im Spiegel. Wenn endlich Mitleid sein soll, dann auch mit denen, die zuletzt geirrt haben, aber gewiß nicht als letzte.

»Das traurige Bild der Menschheit«

Über das abhanden gekommene Gefühl des Mitleids

Die Russen bereuen«, war vor einiger Zeit die Gastkolumne eines Feuilletons überschrieben. Der Autor, Anatoli Streljanyi, Vizechef des sowjetischen Pen-Clubs, beendete eine persönliche Erinnerung an den Zweiten Weltkrieg mit den bemerkenswerten Worten: »Damit irgendwann einmal ein heilsames Vergessen eintreten kann, müssen erst einmal die Russen sagen, die Deutschen seien im Krieg Menschen gewesen und die Russen Tiere. Dieser Prozeß hat in meinem Land begonnen.« Der ungeheuerliche Satz des Russen ist nicht nur deswegen bemerkenswert, weil er zeigt, was in seinem Land mittlerweile alles gedacht, ausgesprochen und sogar geschrieben werden kann. Er ist frappierend, weil er eine Überlegung zum »Tag des Sieges« über den Faschismus abschloß, den die Sowjetunion mit festem Ritual am 9. Mai zu feiern pflegt.

Ausgerechnet zum Siegesfest erinnert da ein Russe, der als kleiner Junge in der Ukraine zwei Jahre deutsche Okkupation erlitten hat, an die Verbrechen seiner Landsleute – Verbrechen an deutschen Soldaten, an Flüchtlingen und Frauen, und er lobt die Menschlichkeit deutscher Besatzungssoldaten. Der Mann ist Mitglied der KPdSU, verkehrt mit hohen Parteileuten und ist gewiß kein nazistischer Fanatiker, von denen es in Rußland ja derzeit erstaunlich viele geben soll. Zur späten Reue hat ihn niemand gezwungen, verleitet oder bestochen; er hat Mitleid bezeugt auch nicht aus Trotz, oder aus Enttäuschung und Verzweiflung über ein zusammenbrechendes System, oder weil er einer rettenden DM- oder Dollarinvasion gehorsam vorauseilt: Nein, er äußerte einfach nur ein zutiefst menschliches Bedauern. Indem er wagte, Russen als Unmenschen zu bezeichnen, entdeckte er sie in Wahrheit als Menschen.

Daß die deutsche Wehrmacht die Sowjetunion überfallen hat, daß ihre Einsatzgruppen und die SS dort einen kaum faßbaren Terror an der Zivilbevölkerung verübt haben und daß sich viele deutsche Soldaten zeitweise zu eben jenen »Untermenschen« erniedrigt haben, als die ihnen die NS-Propaganda »jüdische Bolschewisten« immer geschildert hatte – all das ist wahr und hindert den Russen gleichwohl nicht daran, sich Gedanken zu machen über die Opfer sowjetischer Rache nach 1945. Man merkt, daß geradezu eine schwere Bedrückung von ihm gefallen ist: die Last eines jahrzehntelangen Schweigens. Die hohlen Phrasen und historischen Lügen haben die Erinnerung der einfachen sowjetischen Frontsoldaten nie ganz auslöschen können; sie entlasten heute wie befreit ihr schlechtes Gewissen und machen die Deutschen schon besser, als sie jemals waren.

Diese ganz und gar unzeitgemäßen Gedanken gingen mir während einer westdeutschen Veranstaltung über die Befreiung vom Faschismus durch den Kopf, als wieder mutig den Anfängen gewehrt wurde – wie demnächst wieder am Achten Mai oder Ersten September oder zum Volkstrauertag. Ich ließ in diesem Augenblick ein Gefühl in mir zu, das ich seit Jahren kenne, aber immer verdrückt und weggedrängt habe: Ich dachte an meinen gefallenen Onkel – nicht *stellvertretend* für die Hekatomben von Opfern, nicht *mit schlechtem Gewissen*, daß er ja als Blitz- und Angriffskrieger einer marodierenden Wehrmacht im Osten gefallen ist. Ich als sehr viel Jüngerer habe meinen Verwandten nie erlebt, er ist mir völlig fremd. Ich habe nur eines der wenigen Familienfotos vor mir: ein deutscher Wehrmachtssoldat in Uniform, mit schmalem Lächeln, jung, auf einer Wiese liegend, viel jünger als ich heute bin. 1941 ist er irgendwo im Osten an der Front umgekommen. Im

Familiengrab in Deutschland ist er später neben seinem Vater beerdigt worden, der 1914 – im Ersten Krieg – gefallen ist, auch als einer der ersten und, wie die Geschichtsforschung mit immer neuen Belegen zeigt, in einem nicht minder von Deutschen verursachten Krieg.

Mit diesen beiden also empfand ich, 45 Jahre vom Faschismus und preußischem Militär befreit, Mitleid, und es wucherte in mir gegen das fest im Saal installierte Über-Ich der Mitleidlosigkeit und der gratismutigen Empörung über *Soldaten als Mörder.* Selbst wenn sie zur berüchtigten Waffen-SS gehörten, wären sie davon nicht ausgesperrt geblieben.

Ich weiß: ein schwieriges Terrain. »Beifall von der falschen Seite« ist einem da sicher. Um nicht mißverstanden zu werden: Mein Gefühl lehnte sich nicht auf gegen irgendwen, drehte sich jetzt nicht racheheischend gegen den damaligen »Feind«, der nie der meine war und es kaum je sein wird. Es war einfach so, daß ein spät, in den tiefsten Frieden geborener Neffe seinem unglücklichen, mit ganzen 25 Lebensjahren verheizten Onkel die Reverenz erwies, und einem Großvater, dem kaiserlichen Offizier aus Wilhelms Leibgarde dazu. Private Trauer, die ich völlig für mich behalten könnte. Aber da es ein nachgetragenes, ein über Jahrzehnte aufgespartes Mitleid ist, lohnt es sich, das öffentlich zu erwähnen. Denn so, wie die alten Männer in Rußland über ihre Taten nachdenken und ihnen vor Scham und Reue der Mund übergeht, sitzen bei uns die Rentner und Pensionäre, die den Krieg überlebt und uns mit ihren glorreichen Kriegserlebnissen wahrlich genervt haben, als geschlagener Haufen. Sitzen da, stumm wie Fossile um ihre Schuldgefühle herum, im bitteren Selbstgespräch. Depressionen alter Männer, denen niemand Taten verzieh, die die meisten auch geleugnet und weit von sich gewiesen haben.

Nicht nur die Kriegsdenkmäler waren bei uns verlassene Orte, auch die Wohnzimmer. Väter und Kinder haben sich in diesem Land mit einer Gnadenlosigkeit und Unbarmherzigkeit gegenübergestanden, die das Mitgefühl, gerade mit solcher Verstrickung, ausschloß und versperrte: pauschales Nichtverstehen auf beiden Seiten. Die eine hat nichts hören wollen von den »Mörder-Vätern«, die andere nichts von den empörten Aufbrüchen der Jungen. Diese in Deutschland besonders zugespitzte Generationenkonstellation ist zu Ende; sie war mörderisch, ohne daß noch Krieg war und es Tote gab. Sie tötete die Unbefangenheit, die Nähe, die Sympathie, das Leiden – ich zitiere einen Philosophen – »über ein offensichtliches Übel, das mit Vernichtung und Leid jemanden bedroht, der es nicht verdient, von dem man erwarten muß, daß es einen selbst oder einen der Seinen treffen kann, und das alles, wenn es nah erscheint« (Aristoteles). In der Sowjetunion, berichtet Streljanyi, brechen heute die

Dämme der Erinnerung, was nicht im politischen, aber in einem tieferen Sinne ein heilsames Vergessen ermöglicht: die Aufhebung eines kollektiven Jochs, das sich die Menschen im Lichte einer höheren Wahrheit aufgeladen hatten, für die Täter und Opfer fein säuberlich verteilt waren auf der Sympathieskala des Kalten Krieges. Wir Jüngeren waren damit fein raus. Und die Älteren haben es uns leicht gemacht, neben ihrem verstockten Selbstmitleid war auch kaum Platz für Sympathie.

Ähnliches ist übrigens in den Vereinigten Staaten im Gange. Wer einmal das Vietnam Memorial in Washington besucht hat, sieht dort neben den Neugierigen und den Trauernden, die aus der endlos langen Kette gefallener GI's ihren Verwandten oder Freund herausfinden wollen, ziemlich martialische Gestalten: Uniformierte in Tarnanzügen, die für ihre in Vietnam angeblich noch immer gefangengehaltenen Kameraden Unterschriften sammeln, für die sogenannten PoWs, Prisoners of War. Ich habe nicht nachgeprüft, ob es wirklich wahr ist, daß in Vietnam bis auf den heutigen Tag US-Soldaten gefangengehalten werden; mein Interesse gilt auch nicht der viel erörterten Frage, ob diese Gefangenen nicht nur imaginäres Menschenmaterial einer antikommunistischen Kampagne sind. Mich rührten diese untröstlichen Veteranen, die auch Zeugen und Produkte einer kollektiven Versagung von Mitleid wurden. Dort verdienten es die heute 40/50jährigen, die nichtsahnend in ein indochinesisches Inferno gerieten, und die auch den großen Fehler begingen, nicht siegreich heimgekehrt zu sein. Viele von ihnen sind heute noch von Krieg und Drogen demoralisiert, was aber einer Nation nicht in den Kram passen kann, die ihre Größe wiederfinden will und in ihrem Regenerationstraum nicht von einer geschlagenen Schattenarmee heimgesucht werden soll.

Ein allmähliches Verstehen der Nachgeborenen, das ihre an den falschen Fronten gestandenen Väter als Menschen ansieht, ohne die falsch gelaufene Geschichte zu verdrängen, das kann keine simple Schuldverrechnung zwischen den Generationen sein. Man kann sie auch nicht in pathetischen Gesten über Gräbern, in Bitburg oder Verdun, zwischen den Völkern inszenieren. Sie muß sich ereignen und sie ereignet sich auch jetzt, da die Schlachtordnung des Kalten Krieges zerfällt, die alle Kombattanten vor dem Beifall von der falschen Seite schützte. Öffentliche Annäherungen, wie sie bereits Veteranen der einstigen Gegner des Zweiten Weltkriegs oder die Schriftsteller Lew Kopelew und Heinrich Böll vollzogen haben, haben die meisten nicht als Gesten elementaren Mitleids aufgefaßt, das für nichts steht als für sich selbst. Sie gingen bloß durch als Symbole pazifistischer Diplomatie für die Heutigen.

Mitleid ist ein elementares Beziehungsgefühl zwischen einzelnen, keine Schuldabrechnung zwischen Völkern und Staaten. Die Hei-

matvertriebenen, deren Sprecher sich jetzt in einem äußerst unpassenden Zusammenhang aggressiv zu Wort melden, sind ein Beispiel für die verheerende Dialektik erfahrener Mitleidlosigkeit und selbst mitleidloser Entschädigungsforderung. Das, worüber Russen, Polen, Tschechen und Ungarn heute nachdenken, das waren ohne Zweifel »Vertreibungsverbrechen« – doch Begriff wie Tatsache waren jahrelang nur hinter vorgehaltener Hand zu zitieren. Historiker, die sich damit seriös befaßten, setzte man drinnen und draußen gleich mit Revanchisten, die sich auch damit beschäftigten und das Thema propagandistisch besetzt hielten. Von diesen Verbrechen an vogelfrei erklärten Deutschen, die binnen zwei Stunden zu verschwinden hatten oder in Zwangsarbeit genommen oder einfach erschlagen wurden, zeugt heute nur noch der Verfall der Gebäude dort und die unerhörte Klage hier, am falschen Ort – Narben, welche die Wiedereröffnung Mitteleuropas jetzt allerorts mitaufdeckt. Über den einstigen Vandalismus der Sieger regt sich dort so etwas wie Reue, eine Rührung, die eine auch im Systemkonflikt eingetretene Erstarrung auflöst. Es scheint, als würde den Vertriebenen historische Gerechtigkeit widerfahren, doch wissen wir längst: einen solchen historischen Ausgleich gibt es nur für unsere Bequemlichkeit des Herzens. Aber was den alten Leuten – nicht ihren Kindern und Enkeln und allerhand Trittbrettfahrern – geschehen ist, wird nun immerhin angehört, für wahr erkannt, bestätigt, zur Kenntnis genommen, als immer noch frische Passion von einzelnen, die niemals glatt aufgeht, vor allem nicht in einem finanziellen Lastenausgleich.

Man könnte über diese Wiederkehr des Mitleids Genugtuung empfinden, würde sich da bei Polen oder Tschechen nicht zu Recht die Befürchtung einmischen, wohlgenährte Westler könnten demnächst dicken Limousinen entsteigen und »ihre« Güter zurückfordern. Diese Vorahnung wird durch vorlaute Dummköpfe genährt, die im von ihnen für »befreit« erklärten Breslau oder Eger herumtölpeln und in der Tat das Schlimmste befürchten lassen. Manche, nicht alle Sprecher der Landsmannschaften hatten nicht die Geduld zu warten, bis ihnen berichtet wurde von der Wiederkehr des Mitgefühls. Sie haben nicht abwarten können, bis zum Beispiel Vaclav Havel es im Namen seines Landes zum Ausdruck brachte – in einer Weise, die die historische Wahrheit nicht auf den Kopf stellt und auch nicht das eigene Leid unter den Tisch fallen läßt. Deutsche Politiker, nicht nur von rechtsaußen, fordern hingegen ultimativ das Schuldeingeständnis von ganzen Staaten, so wie sie auch für Auschwitz und Treblinka vom jüdischen Volk die alles begrabende Verzeihung eingeklagt haben. Da wird schon wieder kein Pardon mehr gegeben; Auge um Auge, Zahn um Zahn schraubt sich das zum absehbaren Konflikt hoch.

Aber es muß nicht sein. Freya von Moltke, die Witwe des Widerstandskämpfers Helmuth James von Moltke, einem Kopf des Kreisauer Kreises, hat sich erst bereit gefunden, in das schlesische, heute polnische Kreisau zu gehen und am Aufbau eines Versöhnungswerkes mitzuwirken, als ihr gewährleistet schien, daß die polnisch-deutsche Grenze völkerrechtlich ebenso unantastbar wie durchlässig für Menschen war. Sie wollte sichergehen, daß die Restauration ihres verfallenen Familiengutes nicht als Faustpfand für Staatsgeschäfte mißbraucht werden konnte. In Kreisau soll jetzt eine internationale Begegnungsstätte entstehen, die der Regeneration Mitteleuropas in nicht bloß ökonomischer Hinsicht dienen kann.

Das Mitleid, dieses allererste Beziehungsgefühl zwischen den Menschen, nicht zu verwechseln mit der Geste des barmherzigen Samariters oder dem routinierten Griff zur Spendenbüchse, ist in Europa lange Zeit abhanden gewesen; Nächstenliebe hat sich in bisweilen merkwürdige Formen der Fernstenliebe verkrochen, bei denen es meist um Eigenliebe ging. Mitleid hingegen ist ein unmittelbares, aller vernünftigen Überlegung und praktischen Vernunft vorgelagertes Moralprinzip, das die Menschen über ihre Interessenkonflikte und Händel miteinander verbindet. Wir brauchen es dringend als Medium der Gesellschaft, der alle Sicherheiten ausgegangen sind. Der Mitleidende trägt in seinem Herzen »das traurige Bild der Menschheit« – und kann doch heiter sein.

»Unser einziger Weg ist die Arbeit«

Über den historischen Ort der Judenräte

Erstens: Der Ort

In Lódz, der zweitgrößten Stadt Polens, befand sich von 1940 bis 1944 das erste und das letzte Großgetto unter national-sozialistischer Herrschaft. Es war das erste Getto, in dem damit begonnen wurde, die jüdischen Bewohner systematisch zur Zwangsarbeit für die deutsche Rüstungswirtschaft heranzuziehen. Nach Lodz wurden auch im Oktober 1941 zum ersten Mal Juden aus Mitteleuropa im großen Umfang deportiert. Die Juden dieses Gettos waren auch die ersten, die nachweislich in die Überlegungen für eine künftige Massenvernichtung einbezogen wurden. Von hier aus führten auch die ersten Deportationszüge in ein Vernichtungslager. Schließlich befand sich 1944 in diesem Getto die größte und letzte Ansammlung jüdischer Menschen auf polnischem Boden außerhalb des Konzentrations- und Vernichtungslagers Auschwitz-Birkenau. Diese vielen

Auffälligkeiten im Vergleich mit dem Schicksal anderer polnischer Gettos zur Zeit der Verfolgung der Jahre 1939 bis 1944 waren die Konsequenz der verschlungenen Wege der nationalsozialistischen Verfolgungs- und Vernichtungspolitik« (Wolfgang Scheffler).

»Eckdaten« des Gettos von Lódz, damals »Litzmannstadt« geheißen. Im Getto schien der einzelne in seinem Willen und seinen Entscheidungen noch frei. Dort stand noch bewegbare Zukunft zur Verfügung, während sie im Vernichtungslager auf absolute Gleichzeitigkeit schrumpfte. Doch bis dahin war auch nur eine Galgenfrist zwischen dem ausnahmslosen Todesurteil der Nazis und seiner gnadenlosen Vollstreckung. Diese Frist wollte – jeder Einsicht zum Trotz und verlassen von aller Welt – die jüdische Führung nutzen. Sie versuchte, die zu erwartenden Handlungen der Nazis zu mäßigen, zu verzögern, vielleicht doch noch abzuwenden. Das Getto ist der historische Ort der Judenräte.

Zweitens: Das Opfer

»Gott stellte Abraham auf die Probe. Er sprach zu ihm: Abraham! Er antwortete: Herr, hier bin ich. Gott sprach: Nimm deinen Sohn, deinen einzigen, den du liebst, Isaak, geh in das Land Morija, und bring ihn dort auf einem der Berge, den ich dir nenne, als Brandopfer dar.«

Eine archaische Ethik nimmt so schrecklich Maß: Wenn ein Rettungsboot überfüllt ist, müssen einige über Bord, bevor alle untergehen. Der Tyrannenmörder setzt mit seiner Bombe auch das Leben weniger Unschuldiger aufs Spiel; nur so kann er vielleicht die vielen Unterdrückten befreien. Genau eine solche Tat übrigens erhoffte man sich im Getto. Aber die Verschwörer des 20. Juli scheiterten bekanntlich – die meisten hatten, nebenbei gesagt, auch nicht die Rettung der Juden im Sinn. Weil das so war, kam das Menschenopfer, die Situation der schrecklichsten Wahl, auf die Juden selbst zu.

September 1942: Der Judenälteste von Lódz, Präses Mordechai Chaim Rumkowski, hält eine Rede. Die Deutschen haben befohlen, ein Teil der Gettoinsassen sei unverzüglich zu deportieren. Rumkowski weiß, was das bedeutet: das Vernichtungslager Kulmhof, in dem schon Tausende ermordet worden sind, hier noch in primitiven Gaswagen, liegt nicht weit entfernt. Jetzt verlangt Rumkowski etwas Ungeheuerliches (in den Worten Raul Hilbergs):

»Diesmal waren es die Kinder, die Älteren über 65, die Kranken, und Rumkowski selbst, hat diese berühmte Rede gehalten. Er hatte selbst keine Kinder, obwohl er immer mit Kindern zu tun gehabt hat. Aber er liebte die Kinder, insbesondere elternlose Kinder, und jetzt mußte er der jüdischen Bevölkerung sagen: Gebt mir die Kinder! Kinder unter 11. Und warum? Damit das Getto erhalten bleibt, damit jeder in diesem Getto arbeitet, damit es unmöglich ist, deutscherseits zu behaupten,

»Am 5. Juni 1941 wurde das Getto Litzmannstadt zum ersten Mal vom Chef der deutschen Polizei, Herrn Himmler, besucht. Präses Rumkowski begann am Morgen auf den Gast zu warten, es wurde aber halb fünf Uhr nachmittags, bis sich die deutschen hohen Beamten versammelten. Unter diesen waren Repräsentanten der Gestapo in Litzmannstadt.

Als Herr Himmler mit seinem Gefolge am Baluter Markt eintraf, wechselte er folgende Worte mit Präses Rumkowski:

›Was machen Sie hier?‹ fragte Herr Himmler.

›Wir arbeiten, und wir bauen hier eine Stadt der Arbeit auf.‹

›Und wie geht die Arbeit hier voran?‹

›Nicht schlecht, glaube ich. Hoffe, daß es besser werden wird. Ich tue alles, daß das Getto immer mehr und immer besser arbeiten wird. Mein Motto ist Arbeit, Friede und Ordnung.‹

›Dann machen Sie weiter zum Wohl ihrer Brüder im Getto. Es wird Ihnen gut tun.‹«

Szmul Rozenstztajn, Daily notes, zit. nach Alan Adelson Lódź Getto, New York 1989, S. 152 f.

daß hier noch ›Ballast‹ vorkäme. Wiederum sollte die jüdische Verwaltung selbst die Auslese unternehmen, indem man den jüdischen Verwaltungsbeamten, der jüdischen Polizei, damals über 600, der jüdischen Feuerwehr versprach, daß ihre Verwandten, ihre Kinder nicht deportiert würden. Aber es ging nicht wie geplant, denn die Beamten der Getto-Verwaltung und der Polizei wollten nicht sehr lange warten. Da gingen die Deutschen einfach rein, mit jüdischer Polizei, ein Schuß, jeder heraus, und wer zu jung ausschaut oder zu alt: weg. Und dann wiederum, nach September 1942, ein sogenannter ›normaler‹ Zustand. Weitere Fabriken, weitere Produktion, eine weitere Aussicht, das ganze zu überleben. Natürlich diesmal sind schon fast alle Kinder verschwunden: Die Zukunft ist ja schon fast verschwunden.«

Rumkowskis Devise lautete: Wenn wir Juden die Selektion selbst übernehmen, wird sie insgesamt glimpflicher verlaufen – und es schafft Zeit, Zeit und nochmal Zeit. Von der ersten Deportation 1941 an nimmt der Judenälteste also die Auswahl der zu Deportierenden vor, beginnend mit »Kriminellen« (egal, wie unbedeutend ihr Delikt war), Prostituierten und eingesiedelten mitteleuropäischen Juden aus Wien oder Frankfurt, die es hier ohnehin nicht aushielten. Dezember 1941 – das Getto hat mit 163 623 Menschen die höchste Bevölkerungszahl seines vierjährigen Bestehens erreicht – verlangen die Deutschen 20 000 auf einen Schlag; Rumkowski handelt den Tribut auf 10 000 herunter.

Das ist die Situation der Judenräte, nicht nur in Lódz: Mittäterschaft auf Befehl der Nazis und nicht Abrahams Opfer. Die Deutschen sind nicht Gott, und die meisten polnischen Juden sind zum damaligen Zeitpunkt nicht mehr gläubig. Wo sie es noch waren, fällt der Glaube von ihnen ab – nur noch: Kampf ums Überleben.

Drittens: Die jüdische Frage

»Warum habt ihr die Mitarbeit an der Zerstörung eures eigenen Volkes und letztlich an eurem Untergang nicht verweigert?« Diese bohrende Frage stellte Hannah Arendt 1963 in ihrem Bericht über den Eichmann-Prozeß in Jerusalem. Warum habt ihr nicht rebelliert?, ist eine andere Version davon; warum habt ihr euch abschlachten lassen wie die Lämmer? Das ist die jüdische Frage, und die Antwort der Emigrantin war streng: Die Kollaboration der Judenräte zeuge von der Totalität, der Vollkommenheit des moralischen Zusammenbruchs, den die Nazis über Europa gebracht hatten – nicht nur durch einen Täter wie Adolf Eichmann, sondern auch über die Juden und ihre »Führer«, ohne die er sein schauerliches Werk gar nicht hätte vollbringen können. So wie der jüdische Widerstand später mystifiziert worden ist, um die Überlebenden zu stärken, sind die Judenräte verdammt worden, darunter so ehrenwerte Leute wie Leo Baeck, erst recht die bisweilen dubiose »zweite Garnitur«, die den Gettos im Osten vorstand. Auf solche »Verräter« wollte der Staat Israel seine Legitimation nicht bauen.

Die Judenräte aber stellen das Problem des Nationalsozialismus am allerdeutlichsten; deswegen lassen sie die Überlebenden nicht los. Darum befassen sich Dramatiker wie Jehoshua Sobol (»Getto«) oder Romanciers wie Jurek Becker (»Jakob der Lügner«) damit. Man kann vielleicht sagen: auch ersatzweise, denn lange verhinderte eine Erkenntnissperre die Geschichtsschreibung der Judenräte, aus je unterschiedlichen Motiven in Israel, in Polen, in den USA und bei uns.

Viertens: Der König der toten Juden

»Rumkowski Chaim, wir leiden und du führst ein gutes Leben, Chaim, Rumkowski Chaim,

Dich soll der Satan holen«. So ging der yiddische »Hit« im Lódzer Getto, geschrieben von Yankele Hershkowitz, kürzlich bei Überlebenden ausgegraben von der Musikethnologin Gila Flam. *Chaim* ist das hebräische Wort für Leben, und das Lied eine bitterböse Abrechnung mit dem Lódzer Chaim, der so vielen den Tod nicht ersparte. Vom Ende her gesehen ging sein Konzept »Rettung durch Arbeit« nicht auf: Auch im Lódzer Getto kamen die allermeisten um durch Epidemien, Verhungern und Deportation – oder durch die Arbeit selbst, die immer schwerer wurde, während König Rumkowski bei den Nazis immer weniger Lebensmittel für sein Volk zu beschaffen wußte. Da die Rettung für fast alle mißlang, blieb das häßliche Bild des Kollaborateurs, des falschen Moses – und der bittere Triumph der abgeführten Lódzer Juden an der Todesrampe, als Chaim Rumkowski selbst im August 1944 in Auschwitz landet und umgebracht wird. Arnold Mostowicz, damals jun-

Dem Aeltesten der Juden
M. Ch. Rumkowski
dem Schöpfer des Staatsorganismus im Getto
Die Statistische Abteilung
Litzmannstadt, im Juni 1941.

ger Gettoarzt, erinnert sich an das Ende des Königs der toten Juden und spricht ihn frei von den Vorwürfen, die bei den Überlebenden später hochkamen, als wäre es gestern gewesen: »Am 24. oder 25. August war ich schon in Auschwitz, und man hat erzählt, daß er war in der letzten Gruppe, das heißt am 30. oder 29. Und es war so: Ach, die Leute haben sich gefreut: Jetzt hat Rumkowski auch bezahlt, bezahlt für das alles, was er uns angetan hat...« Er?

Fünftens: Die Blendung

Er? Rumkowski ganz allein? Viele Überlebende sind immer noch erzürnt über die Allüren dieses despotischen Alten, der sich in einer von Schimmeln gezogenen Karosse durchs Getto kutschieren ließ – an den Hungerkadavern vorbei. Er lebte mit seiner Kamerilla in Saus und Braus und ließ der jüdischen Getto-verwaltung Sonderrationen zukommen, täglich 500 bis 600 Kalorien mehr. Jähzornig soll er um sich geprügelt haben, der gescheiterte Textilfabrikant und ungebildete Versicherungsvertreter; er verfolgte unbarmherzig seine politischen Gegner, die ihn bestreikt und bekämpft hatten. Und das Entscheidende: Im Endergebnis hat er versagt. Die letzten Lódzer Juden kamen in Auschwitz an, als die Selektionsrate am höchsten war. Die alten, von nüchternen Statistiken des Holocausts bekräftigten Rechnungen verfehlen aber die tiefere Problematik der Judenräte.

Hinter der jüdischen Frage steht immer die deutsche: Welcher Art nämlich ein von den deutschen Nazis errichtetes System war, das solche Wahl vorgab: den Tod der Kinder für das Überleben der Erwachsenen, Rettung durch Kollaboration oder Tod in der Gaskammer – und letztlich doch *für alle* die Vernichtung schon eingeplant und ins Werk gesetzt hatte, also gar keine Wahl ließ! Und dies lag *jenseits des Vorstellbaren* und damit auch jenseits persönlicher Schuld und Verantwortung.

Heute bleibt es gottlob nicht mehr dabei, daß sich jüdische Getto-Überlebende vor deutschen Nachgeborenen über das Ausmaß der Schuld Rumkowskis und anderer Judenälteste streiten und ihre eigene Scham und Verstrickung erörtern. Die Konfrontation der polnisch-jüdischen Zeitzeugen mit den (auch meist jüdischen) Geschichtsschreibern der jüngeren Generation erschließt vielmehr hinter der jüdischen und deutschen Frage – nach Tätern und Opfern – deutlicher als zuvor die *universelle* Frage nach dem Charakter des Nazismus. Gerade die *Mittäterschaft* der Judenräte, die so verstanden weder die deutschen Täter entlasten soll noch die jüdischen Opfer bedrücken darf, lehrt, den Nazismus zu verstehen.

Dan Diner, einer der profiliertesten NS-Historiker aus Frankfurt, zur Frage, warum man sich heute vorrangig mit den Judenräten befassen soll: »Weil die Perspektive, die man über den Judenrat auf den Nationalsozialismus und die Massenvernichtung einnehmen kann, die wohl radikalste Perspektive ist, die auf den Nationalsozialismus möglich ist und damit auch seiner Natur nahekommt. Das heißt: Wenn man sich in die Lage der Judenräte versetzt, wird man feststellen können, daß faktisch aufgrund unserer Wahrnehmung von Wirklichkeit, unserer Denkformen keine andere Möglichkeit der Handlung, der Reaktion auf die Nazis bestanden hat für die Juden als die von den Judenräten eingenommene.«

Die Juden ließen sich *notwendigerweise* blenden von der scheinbaren Rationalität des Nationalsozialismus, der in Wahrheit »gegenrational« war. Den Nazis produktive Arbeit anzudienen und diese selbst möglichst perfekt zu organisieren, schien doch genau dem Standard des darin hypermodernen Nationalsozialismus zu entsprechen: Die rechenhafte Sprache von Effizienz und Bürokratie würden sie doch verstehen!? Also beschlossen die Judenräte, in ein ökonomisches Tauschverhältnis mit ihren Unterdrückern und Mördern einzutreten; die Verwertung billiger und disziplinierter Arbeitskraft würde, das hofften sie, ihren Rassenwahn mäßigen und übertreffen. Jedenfalls aber ließ sich Zeit gewinnen, bis die sowjetische Offensive im Osten Erfolg hätte, da auch schon angloamerikanische Bomber über Lódz gesehen worden waren und Hitler – das war in den wenigen, streng verbotenen Radios zu hören – womöglich doch einem Attentat erlag.

Daß die Maxime »Ich handele ökonomisch, also existiere ich noch« nicht aufging, ist die Tragik der Juden, die einem heute wie damals den Verstand rauben kann. Denn kaum erträglicher ist für die Nachlebenden, wenn sie realisieren müssen, daß jeder von uns wahrscheinlich genauso mit dem *Homo oeconomicus* in den SS-Leuten kalkuliert hätte. *Jeder* würde die Situation des Gettos so aufgefaßt haben,

Mordechai Chaim Rumkowski: »Das sind meine 5 Parolen: 1. Brot, 2. Arbeit, 3. Sorge für die Kranken, 4. Kinderfürsorge, 5. Ruhe im Getto.«

denn erst heute kann man sicher sein, daß die Nazis zwar »modern« waren und auf industrielle Produktion und rationale Verwaltung setzten, aber doch letztlich nur, um die *Endlösung* mit industriell-bürokratischen Mitteln durchzuführen – gegen jede »moderne« Vernunft. Was wie ein Rettungsanker erschien, war deswegen nichts anderes als der Hebel eilfertiger Selbstselektion. Das verzweifelte Konzept »Rettung durch Arbeit«, diesen absurden Modernisierungssprung der jüdischen Gemeinschaften in die verwaltete Welt, diese Arbeitskommunen, in denen manche zionistische Gruppen sogar Ableger der Kibuzze erblicken wollten, widerlegte der höhnische Spruch über dem Lagereingang von Auschwitz, »Arbeit macht frei«, durch den die ausgemergelten Judenkönige ihr Volk letztlich doch führen mußten. Die tastende Einfühlung in das Denken des Feindes endete *notwendig* in einem totalen Mißverstehen. Deswegen müssen wir heute »den Nazismus denken«. Denn

»nach Auschwitz« muß diese radikale Widerlegung der Vernunft und Zivilisation in der »Endlösung« selbst immer neu widerlegt werden.

Sechstens: Die Hoffnung

Auch das wurde im Getto gesungen: *Soll seyn*, ein von sozialistischen *Bundisten* komponiertes Lied der Hoffnung – trotz allem. Die Mitglieder linker Jugendorganisationen, besser: Jugendbanden stimmten es an, die Rumkowski verachteten und seinen Weg »Rettung durch Arbeit« nicht mitgehen wollten. Ein anderer jüngerer Historiker, Avihu Ronen aus Tel Aviv, der aus einer Familie von Widerständlern kommt, setzt in ihrem Sinne einen anderen, utopischen Akzent: Ja – im Endeffekt gab es keine realistische Handlungsalternative zur Reaktion der Judenräte. Die meisten Juden folgten den Rumkowskis, und darin unterscheiden wir uns nicht von ihnen. Aktive Resistenz im Untergrund, besonders in einem so isolierten Getto wie Lodz, ohne jede Verbindung zum Partisanen-Widerstand und von einer feindlichen deutschen Umwelt eingeschnürt, war letztlich nichts anderes als – ein Entschluß zum Selbstmord. Nicht wenige beschritten diesen Weg – aber es war wenigstens ein Entschluß, *in Würde* zu sterben. Auch das war ein Beitrag zur »Widerlegung der Widerlegung«.

»Wer wohl sterben muß« –
Der Fall Carola Neher

Zur Erinnerung an die deutschen Opfer Stalins

Laut Artikel 129 der sowjetischen Verfassung von 1936 gewährt die UdSSR »Bürgern auswärtiger Staaten, die wegen Verfechtung der Interessen der Werktätigen verfolgt werden, das Asylrecht«. Im gleichen Jahr lobte die *Internationale Rote Hilfe* die Sowjetunion als »das einzige Land, das nicht nur allen verfolgten Freiheitskämpfern Asyl und Arbeit gibt, sondern auch die vollen politischen Rechte als gleichberechtigte Sowjetbürger gewährt.« Arbeit – das entpuppte sich für viele, die diesen Beteuerungen und ihrem eigenen Bild von der Sowjetunion geglaubt hatten, als Zwangsarbeit in einem Gulag; das Asyl wurde für 90 von 100 zur tödlichen Falle: Wer sich einbürgern ließ, bekam keinen Reisepaß und war ausweglos dem Terror unterworfen; wer nicht Sowjetbürger geworden war, konnte als Ausländer ohne weiteres an sein Herkunftsland ausgeliefert werden. Für manchen war ein Moskauer Hotel nur Vorhof zu eben jenem deutschen Vernichtungslager, dem er doch als Kommunist oder Jude oder beides entrinnen wollte.

Zum Beispiel Hans Walter David, Komponist aus Mönchengladbach, 1893 geboren. Das Eiserne Kreuz I. Klasse, das der junge Patriot als Kriegsfreiwilliger erhielt, steckten sich viele deutsche Juden 1933 als vermeintlichen Schutzschild gegen antisemitische Verfolgung an. Zu der Zeit war David, nach vier Jahren Krieg zum Pazifisten gewandelt, längst Mitglied der KPD – einer unter vielen aus der damaligen künstlerischen Avantgarde. Über Frankreich und Italien emigrierte er 1935 auf Einladung des Verbandes der Sowjetkomponisten in die UdSSR. In Engels, einem Zentrum deutscher Emigranten in der Wolgarepublik, dirigierte der Musiker einen Staatschor. Er war sicher, im Lande des Sozialismus »eine neue Heimat gefunden« zu haben. Doch nur wenig später geriet er wie die Mehrzahl der deutschen Kommunisten, gleich ob sie hohe Funktionäre des Apparates, einfache Parteimitglieder oder intellektuelle Weggefährten waren, in die Stalinschen Säuberungen und Prozesse. Am 5. November 1937 stand auch vor seinem Haus der »schwarze Rabe«, der berüchtigte Wagen des NKWD. Sein Vergehen: er hatte Väterchen Stalin eine Geburtstagshymne komponiert – in der verpönten Zwölftonmusik. Davids Frau Lina, die am Deutschen Staatstheater in Engels engagiert war, wurde aus der Sowjetunion ausgewiesen und entkam nach Belgien. Wegen angeblicher Spionage für das nationalsozialistische Deutschland, damals noch offizieller Feind Nr. 1, wurde David zu fünf Jahren »Konz.lager« verurteilt. 1940 nach Abschluß des Hitler-Stalin-Paktes wurde er eben diesem Feind ausgeliefert. Im Lubliner Getto übte David einige Zeit Leitungsfunktionen aus, bis er 1942 ins Todeslager Majdanek deportiert und dort vergast wurde.

Auf der Flucht vor dem KZ in den Gulag, von dort dann doch ins KZ – diese in ihrer Absurdität kaum zu überbietende Karriere unseres Jahrhunderts könnte am Schreibtisch eines Totalitarismustheoretikers ausgedacht worden sein, für den rot und braun ohnehin identisch sind. Die schauerliche Konvergenz und Kooperation nichtidentischer Terrorregime muß offenbar jede nachgeborene Generation für sich wiederentdecken und zu fassen versuchen. Denn so neu ist das rohe Faktum nicht: Margarethe Buber-Neumann, die ihre Auslieferung durch die Sowjets im KZ Ravensbrück überlebte, hat schon 1949 ihren klassischen Report »Als Gefangene bei Stalin und Hitler« veröffentlicht; weitere Überlebende wie Susanne Leonhard (»Gestohlenes Leben«) und Alexander Weissberg-Cybulski (»Hexensabbat«) haben zur selben Zeit Zeugnis davon abgelegt. Der Mannheimer Zeithistoriker Hermann Weber hat jüngst eine Art deutsches *Memorial*, eine vorläufige Liste von über 300 ermordeten oder verschollenen KPD-Opfern der Stalinschen Säuberungen veröffentlicht. Man war immer bemüht, eine gewisse Logik aufzuspüren in der Jeshowtschina, in den irrationalen Säuberungen, die den Apparat der KPD (genau wie den anderer kommunistischer Parteien) um eben jene Hälfte dezimierten, derer die Nationalsozialisten oder Faschisten nicht habhaft geworden waren. Wenn es dafür eine gibt, dann nur die, diesen gigantischen Aderlaß an bolschewistischen Kadern als von Stalin inszenierte Konterrevolution aufzufassen: als Ausradierung einer Vergangenheit, die die Potenzen des sowjetischen Oktobers in sich aufbewahrt hätte, und als Zerstörung einer Zukunft, die diese Potenzen noch zur Geltung hätte bringen können.

Die Suche nach Spuren der Ermordeten ist weniger denn je eine bloße Angelegenheit innerkommunistischer Abrechnung oder antikommunistischer Aufrechnung. 50 Jahre nach dem »Teufelspakt«, wenn die besetzten Staaten ihre staatlich-territorialen Rechte einklagen, sei auch an Menschen erinnert, die ihre Rechte nicht mehr einzuklagen vermögen und die seinerzeit der direkten Kooperation der beiden Terrorapparate zum Opfer gefallen sind. Nach amtlichen Statistiken sind etwa 4000 Deutsche aus der Sowjetunion an die deutschen Behörden »überstellt« worden, darunter viele Facharbeiter und Ingenieure, aber auch an die 1000 Kommunisten und kommunistische Sympathisanten. Freilich – und solche Kontinuität zerstört die feinsäuberliche Periodisierung, die uns bisher beruhigt hat: vor dem Pakt/nach dem Pakt – geschah dies keineswegs erst *nach* Abschluß des »Freundschaftsvertrages«, sondern schon im Jahr 1938, als es noch keine gemeinsame deutsch-sowjetische Grenze gab. Denen, die es traf, half ohnehin nicht, ob sie nun als antifaschistische Kollaborateure oder als die Kooperation störende Antifaschisten ausgeliefert wurden, und daß ihr Bestimmungsort erst Feindes-, dann Freundesland war.

Während heute in der Sowjetunion fast masochistisch zu Glasnost und lückenloser Rehabilitation aufgerufen wird (der KGB lädt die Angehörigen deutscher Kommunisten geradezu ein, entsprechende Gesuche zu stellen), gebärdete sich die SED und mit ihr die westdeutsche Schwesterpartei DKP sehr viel zögerlicher. Für die nibelungentreuen Nachfolgeparteien der KPD war dies eine Vergangenheit, die vergehen sollte. Die ängstliche Enthüllung der Verbrechen und die »Rehabilitierung« der Genossen atmete noch den Geist eben jener stalinistischen Praxis, von der sich die Wiedergutmacher eher widerwillig absetzten, Fall für Fall und immer erst auf Druck von Glasnost dort und glasnostwilliger Basis hier.

Letztes Beispiel: Im DKP-Organ *Unsere Zeit* war am 4. August 1989 eine Liste von 14 in der Sowjetunion ermordeten Emigranten abgedruckt, Arbeitsergebnis einer Historikerkommission der Partei in Moskauer Archiven. Darin heißt es: »zu zehn Jahren Lagerhaft wurde verurteilt... Neher, Carola geb. 1900 (über ihr weiteres Schicksal gibt es keine Hinweise)«. Das ist falsch. Nicht so sehr um nachträglich der Verkalkung kommunistischer Geschichtskommissare abzuhelfen, sondern endlich ein Stück historische Gerechtigkeit geschehen zu lassen, habe ich die exemplarische Geschichte der Carola Neher aufgeschrieben, einer bekannten Schauspielerin der Weimarer Zeit, die 1933 in die UdSSR emigriert und dort 1942 im Gulag zugrunde gegangen ist. Wo die Parteihistoriker die Geheimnisse der Archive eher gehütet als veröffentlicht haben, ist man auf die mühsam zusammengetragenen Erinnerungen der Kinder der ermordeten Kommunisten angewiesen. In diesem Fall auf Georg Becker, Sohn der Carola Neher, der 1934 in der Sowjetunion geboren worden ist und heute als Musikwissenschaftler bei Augsburg lebt. Er hat sich intensiv, zuerst unter großen Risiken, in der Sowjetunion bemüht, die Lebensgeschichte seiner Mutter ans Licht zu holen, und ist jüngst an die Orte ihrer (und seiner) Gefangenschaft gereist und in die Archive des Terrors beim KGB hinabgestiegen.

Geboren ist Carola Neher am 2. November 1900 in München, als Tochter eines Kapellmeisters, der sie bei den Englischen Fräulein erziehen und eine Banklehre machen ließ. Doch statt hinter die Schalter der »Dresdner« drängte es sie auf die Bühne. Erste Auftritte und Engagements als Tänzerin, Sängerin und Schauspielerin hatte sie 1920/21 in Baden-Baden, dann mit wachsendem Erfolg in München, Breslau, Wien und Berlin. Dort bekam sie Hauptrollen in Stücken von Wedekind, George Bernard Shaw und Brecht, auch in Boulevardkomödien, was sie zu einer bei Publikum wie Kritik hochgeschätzten (und bestbezahlten) Ausnahme-Schauspielerin der Weimarer Republik machte. Sie heiratete den Schriftsteller Alfred Henschke, bekannt unter dem Namen Klabund, in dessen Erfolgsstück »Kreidekreis« sie mehr als vierzig Mal die Haitang spielte. 1928 starb der auch als Kabarett-texter und Lyriker in Erinnerung gebliebene Klabund an Tuberkulose. Brecht, mit dem Carola Neher eng befreundet war, schrieb für sie die »Heilige Johanna der Schlachthöfe«, nachdem sie schon auf Bühne und Leinwand in der »Dreigroschenoper« die Polly gespielt hatte. Direkt politisch engagiert war sie kaum, erst recht nicht KP-Genossin; sie gehörte aber den »linken Kreisen« jener Bohème an, die im Frühsommer 1933 von den Nazis zur Flucht gezwungen war. Bei Carola Neher führte diese fast zwangsläufig Richtung Rußland. Ihr zweiter Ehemann, der rumänische Ingenieur Anatol Becker aus Bessarabien, sprach nämlich fließend russisch und war ein glühender Sympathisant des Sowjetkommunismus.

Das Paar ging also 1933 in die Sowjetunion, wo Carola Neher nur wenige Auftritte bekam: ein Brecht-Abend, eine Eisler-Rezitation, eine

Gedenkfeier für den 1934 von den Nazis ermordeten Erich Mühsam, daneben ein wenig Radioarbeit und Regieassistenz beim Film. Mit ihrer Unterschrift unter den Saaraufruf, einen Appell, bei der Volksabstimmung gegen den Anschluß des Saarlandes an das Dritte Reich zu optieren, hatte sie sich im Exil politisch exponiert. Prompte Reaktion der Nazis: die Ausbürgerung, veröffentlicht im Reichsanzeiger vom 3. November 1934. Pläne des Regisseurs Erwin Piscator, für die vor allem ab 1935 in großer Zahl in die UdSSR kommenden Theaterleute ein hochkarätiges Ensemble in Engels (Wolgarepublik) einzurichten und diese Stadt in eine Art Kulturkombinat deutschsprachiger Emigranten zu verwandeln, scheiterten an bürokratischen Hemmnissen. Die Säuberungen kündigten sich bereits an. Als erster wurde 1936 Anatol Becker verhaftet. Georg Becker über seinen Vater: »Er ist umgebracht, erschossen worden, ein tragisches Kuriosum: Er wollte beim Aufbau des Sozialismus und beim Kampf gegen die Nazis helfen – und stirbt als angeblicher deutscher Spion!« Im August 1936 war seine Frau Carola Neher an der Reihe; ihr hängte man an, sie habe während eines Aufenthaltes in Prag 1934 den unterdessen als »trotzkistischen Agenten« verfemten Erich Wollenberg besucht. (Derselbe Vorwurf traf übrigens die Frau Erich Mühsams, dessen Gedenken die Sowjets eben noch pathetisch inszeniert hatten.) Daraus, daß Wollenberg, der »rote Leutnant« der Münchener Räterepublik von 1919 und lange Jahre Funktionär des M(ilitärischen)-Apparates der KPD, ihr die Adresse eines Moskauer Bekannten gegeben hatte, schloß der NKWD, Carola Neher besorge für ihn »Kurierdienste«. Dabei ging es um die Wohnung eines Ehepaares, das sich gelegentlich um den Sohn der schwangeren Schauspielerin kümmern sollte.

Die Mitschuld deutscher Kommunisten, die sich im nachhinein gern als reine Opfer Stalinschen Terrors stilisieren, besteht nicht

Carola Neher in sowjetischer Haft

nur darin, daß sie eben diesen Terror rechtfertigten und sich zum Teil sogar selbst als fleißige Denunzianten betätigten. Diejenigen, die von Nachstellungen betroffen waren wie Carola Neher, wurden damals auch von den engsten Freunden und Genossen geschnitten und verleugnet. Im berüchtigten Lubjanka-Gefängnis soll sie sich während der über einjährigen »Untersuchungshaft«, in deren Verlauf sie auch gefoltert wurde, mit einem Stück Blech die Pulsadern aufzuschneiden versucht haben. Das Urteil verbannte sie dann auf zehn Jahre in ein Arbeitslager in der Steppe des nördlichen Kasachstan; halb verhungert, erlitt sie einen Typhus-Anfall. Nach Abschluß des Hitler-Stalin-Paktes brachte man sie, ohne ihr den vorgesehenen Bestimmungsort anzugeben, in die vergleichsweise »idyllische« Auslieferungszelle des Butirka-Gefängnisses nach Moskau; es gab warme Kleidung und übergenug zu essen. Dort kreuzte sich ihr Weg mit dem von Margarethe Buber-Neumann, Häftling Nr. 174 475, »sozialgefährliches Element«, 5 Jahre. Sie schreibt über die Schauspielerin:

»Karola Neher trug Zuchthauskleidung, und ich muß gestehen – sie stand ihr gut. Verglichen mit den Lagerlumpen konnte man dieses Kostüm geradezu elegant nennen. Es bestand aus einer marineblauen Flanellbluse mit roten Aufschlägen, einem dunklen Rock, einer halblangen Jacke aus braunem, glänzenden Stoff, mit Watte gefüttert, mit einer ebensolchen Ohrenklappenmütze. In den meisten Zuchthäusern Sowjet-Rußlands schor man die Frauen kahl. Karolas Haare begannen sich eben ein wenig zu legen. Alle gaben Ratschläge, wie sie am schnellsten wachsen würden: ›Am besten ist Regenwasser.‹ – ›Du mußt immer fest gegen den Strich kämmen‹ – ›Wenn ich herauskomme, lasse ich die Haare so, wie sie jetzt sind‹, und Karolas dunkle Augen lächelten strahlend. Mit welcher Leichtigkeit uns jetzt der Satz ›wenn ich herauskomme‹ vom Munde ging. In Gedanken wähnten wir uns schon im Ausland, in der Freiheit.«

Buber-Neumann wurde im Februar 1940 in Brest-Litowsk der SS übergeben. In ihrem Buch hat sie die makabre Pointe des Händedrucks zwischen Stalin und Ribbentrop, die Konkretion der Zusammenarbeit in »gemeinsamen Belangen« beschrieben: die Übergabe deutscher Antifaschisten an die SS, die auch Carola Neher bevorstand:

»Alle Gesichter waren gleich starr und unbeweglich vor Angst. Wir standen und blickten über diese Eisenbahnbrücke, die die Grenze bildete zwischen den von den Deutschen besetzten Polen und dem von den Russen okkupierten Teil. Über die Brücke kam ein Soldat langsam auf uns zu. Als er sich näherte, erkannte ich die Soldatenmütze der SS. Der NKWD-Offizier und der von der SS hoben grüßend die Hand an die Mütze. Aus einer hellbraunen länglichen Ledertasche zog der NKWD-Offizier eine Liste. Er war fast einen

Kopf größer als der von der SS. Sein Gesicht ledern und maskenhaft, wie man das in Schundromanen immer beschrieben bekommt. Welche Namen er herunterlas, hörte ich nicht. Irgendwann vernahm ich ›Buber-Nejman‹.«

Auch die nun folgende Selektionspraxis der SS entbehrte jeder einsichtigen Logik; manche kamen davon, ohne ein Haar gekrümmt zu bekommen, andere, wie der eingangs erwähnte David, wurden Opfer des Holocaust. Warum Carola Neher, von der Gestapo als »weniger gefährlich, sofort zu verhaften« eingestuft (ebenso wie Zenzl Mühsam), nicht an die Deutschen ausgeliefert, sondern in ein sowjetisches Lager zurückgebracht wurde, ist unklar – vielleicht hatte sie ein Angebot des NKWD, als Spionin nach Deutschland zu gehen, ausgeschlagen. Aber das weitere Schicksal der Neher ist keineswegs unbekannt, wie die Partei-Historiker behauptet haben. Am 26. Juni 1942 starb sie, nach Zeugenaussagen der mitinhaftierten Hilde Duty (heute Erfurt) und den »Rehabilitationsakten« des KGB von 1968, im Lager Sol-Iletzk in der Nähe von Orel (Orenburg). Freilich nicht an »unbekannter Todesursache«, wie in denselben Akten vermerkt ist, sondern an Typhus; dieser falsche Eintrag, der häufig zur Verschleierung von Erschießungen diente, hat in einigen Quellen zu der These geführt, Carola Neher sei durch Genickschuß liquidiert worden.

Georg Becker wurde im Alter von nur einem Jahr von seiner Mutter getrennt. Auch die Pflegeeltern, Else und Hermann Taubenberger, wurden sehr bald verhaftet; Taubenberger war wie Wollenberg »Aufstandsexperte« und Angehöriger des M-Apparates der KPD. Georg Becker kam in ein Kinderheim bei Jaroslawl und bewohnte seither jene »schöne neue« Lagerwelt, die man den Kindern der »Volksfeinde« reserviert hatte: Der Junge glaubte lange Zeit, die ganze Welt bestünde aus solchen Lagern, die auf keiner Karte verzeichnet sind und in denen auch Ärzte, Köche, Lehrer allesamt Häftlinge waren. Es ist eine Geschichte für sich, wie zäh und energisch Becker (im Unterschied zu vielen gleichgültigeren Leidensgenossen) dem Schicksal insbesondere seiner Mutter nachgespürt hat. Ihr Name buchstabierte sich im Lauf der Suche in vielen Varianten: Mädchenname Neher, erster Familienname Henschke, Künstlername des ersten Mannes Klabund, zweiter Familienname Becker. Er, der nur russisch sprach, dachte und träumte, trug den Namen »Bekker«, war also mitten im »Großen Vaterländischen Krieg« und nachher als Deutscher identifizierbar und damit als »Faschist« verdächtig. Abgerissene deutsche Kriegsgefangene, die er zu Gesicht bekam, betrachtete er in einer Mischung aus Faszination und Abscheu: Das sind also Deutsche. Das erste Dokument, das die Existenz seiner Mutter belegte, war ein in den Akten des Kinderheims enthaltener (und ihm vorenthaltener) Brief vom Juni 1941 in russischer Sprache:

»Unterzeichnete ist die Mutter des deutschen Knaben Bekker, Georg Anatolowitsch ... Da ich bereits eineinhalb Jahre nichts von meinem Sohn weiß, bitte ich Sie, mir folgende Fragen zu beantworten: Wie entwickelt sich mein Sohn geistig und physisch? Wie steht es mit seiner Gesundheit? ... Weiß er etwas von seiner Mutter? ... Ist er musikalisch? Ich warte voller Ungeduld auf Ihre Antwort. Ich danke Ihnen aus vollem Herzen für alles Gute, das sie für mein geliebtes Kind tun können. gez. Karolina N.«

Dem 12jährigen belegte solche Sorge zwar erneut die verhaßte deutsche Abstammung; in seinem ersten Paß ließ er »Russe« eintragen. Zugleich ergriff ihn aber auch eine fast kriminalistische Leidenschaft, mehr über seine Mutter zu erfahren. Er formulierte Dutzende Eingaben, Nachfragen, Anträge. Nach dem 20. Parteitag der KPdSU 1956 kamen die »stillen«, das heißt meist auch den Angehörigen nicht bekannt gemachten Rehabilitationen – nicht mehr als eine karge Namensnennung ohne weitere Erläuterungen. Offiziell bestätigt wurde das Verbrechen an Carola Neher und Anatol Becker und der Tag ihres Todes von den sowjetischen Behörden erst 1968. Aber noch lange hielten sich Meinungen der Art, die Neher leite ein Kindertheater oder sie lebe, verbittert und umnachtet, in der Sowjetunion.

Den »Dreigroschenfilm« pflegt man übrigens bis heute vorzuführen ohne Hinweis auf das Schicksal seiner Hauptdarstellerin; wie makaber auch klänge sonst der Song der Seeräuberjenny aus ihrem Mund: »Und an diesem Mittag wird es still sein am Hafen, wenn man fragt, wer wohl sterben muß. Und dann werden sie mich sagen hören: Alle! Und wenn dann der Kopf fällt, sag' ich: Hoppla!«

Eine Geschichte, die aus der Kälte kommt. Die man nicht erst zum Schauermärchen ausschmücken mußte, damit sie in ein »antikommunistisches« Kalkül paßte – es ist alles so gewesen und noch viel schlimmer. Eine Geschichte, die wir lange verharmlost haben, um den Schauer zu mildern und vom Sozialismus die Last des Stalinschen Terrors zu nehmen. Dazu neigten schon die mit der Sowjetunion sympathisierenden Zeitgenossen im Ausland. Bert Brecht wußte, daß der Star seiner Dreigroschenoper in Moskau saß; er versuchte, aus seinem skandinavischen Exil etwas für sie zu tun und bat im Mai 1937 Lion Feuchtwanger, der damals noch Oden auf Stalin verfaßte, sich nach ihr zu erkundigen: » . . . ich halte sie nicht gerade für eine den bestand der Union entscheidend gefährdende person. Vielleicht ist sie durch irgendeine frauenaffäre in was hineingeschliddert. Immerhin ist sie kein wertloser mensch, und ich weiß nicht, ob sie das drüben wissen, sie hatte keine gelegenheit sich zu zeigen.«

Brecht räumte ein: »Bei den sehr berechtigten aktionen, die man den goebbelsschen organisationen in der USSR entgegensetzt, kann natürlich auch einmal ein fehlgriff passieren. Wenn die N. sich tatsächlich an verräterischen umtrieben beteiligt hat, kann man ihr nicht helfen, aber man kann vielleicht durch einen hinweis auf ihre große künstlerische begabung erreichen, daß das verfahren beschleunigt und der fall besonders geklärt wird.«

Auch der große Brecht sicherte sich ab: »Es wäre mir allerdings recht, wenn Sie diese meine bitte ganz vertraulich behandelten, da ich weder ein mißtrauen gegen die praxis der Union säen, noch irgendwelchen leuten gelegenheit geben will, solches zu behaupten.«

Theorie und Praxis der »Union« wurden weiter großgeschrieben und blieben trotz präziser werdender Informationen über das dortige Grauen sakrosankt; wir Nachgeborenen sollten uns darüber erschrecken, nicht erheben. Thomas Mann 1936 in böser Ahnung an den Mitherausgeber der Prawda, Michael Kolzow, unter Anspielung auf den Asylartikel der Sowjetverfassung: »Welche Bitternis für uns alle, die wir in der neuen russischen Verfassung das Instrument einer autoritären Demokratie erblicken möchten, wenn dieses Asyl tatsächlich die Gestalt einer Gefängniszelle hätte!«

Oder einer umzäunten Barackeneinöde, in der die Kommunisten, die nicht schon liquidiert waren, elend dahinsiechten und zugrunde gingen, ohne jemals begriffen zu haben, begreifen zu können, was da mit ihnen geschehen war. Und mit uns.